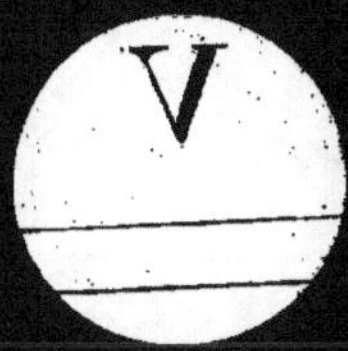

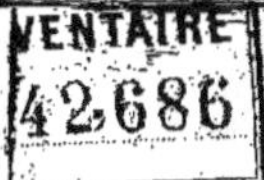

LA SCULPTURE AU SALON DE 1873

PAR

HENRY JOUIN

Où l'âme humaine n'entre pour rien, je ne sais que faire.

SIMART.

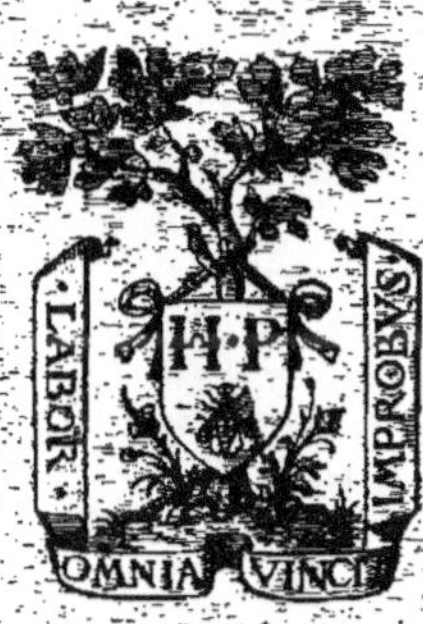

PARIS
E. PLON ET Cie, IMPRIMEURS-ÉDITEURS
RUE GARANCIÈRE, 10

1874

LA

SCULPTURE

AU SALON DE 1873

PARIS. TYPOGRAPHIE DE E. PLON ET Cie, RUE GARANCIÈRE, 8.

LA

SCULPTURE

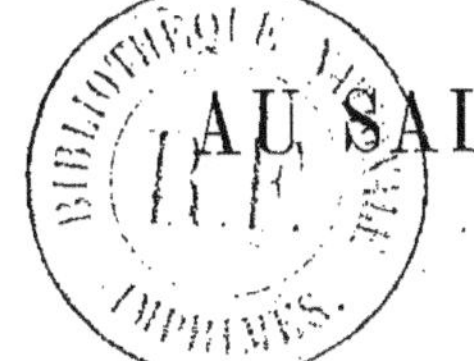

AU SALON DE 1873

PAR

HENRY JOUIN

Où l'âme humaine n'entre pour rien,
je ne sais que faire.

SIMART.

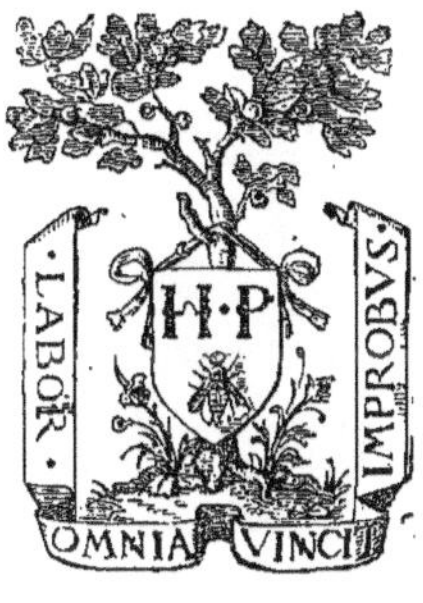

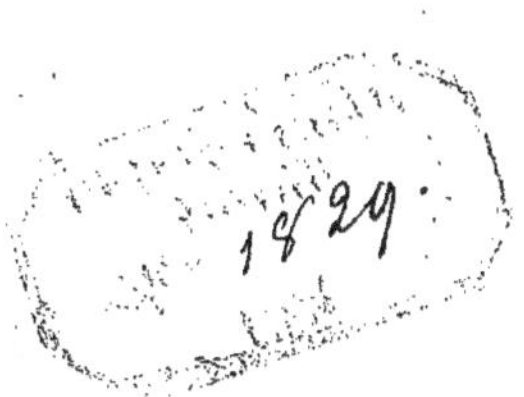

PARIS
E. PLON ET Cie, IMPRIMEURS-ÉDITEURS
RUE GARANCIÈRE, 10
1874

A CEUX QUI LISENT

DE L'ŒUVRE SCULPTÉE

Voulant écrire sur l'art, je n'ai pas besoin de chercher loin de moi l'occasion de mon livre. Je m'empare de la chose récente, quelle qu'elle soit, et cela me suffit.

Le Salon de 1873 m'offre l'occasion cherchée.

Mais, dira l'un, ce fut une pauvre Exposition. S'il en est ainsi, je signalerai ses lacunes et la décadence de l'art. Le contraire est-il vrai? ma critique, appuyée sur des faits, fera les esprits rassurés et vaillants.

L'occasion du discours n'est rien, la doctrine est tout.

Du Salon, je n'étudierai que la sculpture.

Pourquoi?

Est-ce parti pris?

Ce serait mon droit. Assez d'écrivains de nos jours n'ont d'autre génie que leur caprice; et s'il me prenait envie d'augmenter leur nombre, je le pourrais faire sans me distinguer beaucoup. Aussi bien, l'axiome du jour est qu'il faut fuir les chemins battus. Et quel grand chemin devenu banal que celui de la critique appliquée aux œuvres peintes! Ouvrez nos auteurs, parcourez un journal à l'époque des concours ou du Salon, qu'y voyez-vous? Des pages nombreuses traitant de nos peintres à la mode;

des théories, souvent justes, sur les tendances de l'École de peinture.

Des statuaires et de l'École de sculpture, on ne souffle mot.

Si donc le dégoût du chemin battu suffisait à me faire prendre un sentier qui fût mien, je pourrais, sans plus de raisons, restreindre mon domaine dans la critique d'art à l'examen des œuvres de la statuaire.

Mais des motifs d'un ordre supérieur me font un devoir d'en agir ainsi.

Mathurin Régnier, le satirique, n'a-t-il pas mis en parallèle le poëte et le forçat? Il me souvient qu'il s'est accusé de prendre la plume

Comme en une galère une rame à la main!

C'est qu'en effet, écrire est souvent un devoir, c'est rarement un plaisir. Écrire! livrer de gaieté de cœur à l'analyse malveillante des jaloux ou à l'indifférence du grand nombre ce qu'on a de plus intime et de plus cher : sa pensée. Se dire que pour peu qu'une pensée soit noble, sérieuse, elle sera combattue et rejetée, si même, ce qui est plus triste, elle n'est étouffée sans lutte par un dédain systématique; ce sont là les angoisses d'esprit qui assaillent l'écrivain toutes les fois qu'il veut parler la vérité.

A quoi bon? se dit-il. Je succède à des maîtres experts et nombreux. Où le maître n'est pas lu, que peut attendre le disciple? Et pendant ce colloque douloureux de l'homme d'étude avec lui-même, le bruit de la rue lui apporte la renommée surfaite des romanciers et des publicistes. La fiction qui endort, la polémique qui passionne se sont emparées des esprits. Mais les hautes pensées, les enseignements courageux, les doctrines spiritualistes qui assoient l'intelligence dans une paix lumineuse, en la faisant maîtresse d'elle-même, ce sont choses proscrites, dont l'influence et le nom vont d'heure en heure s'affaiblissant.

Vous entendrez tenir ces propos : « Encore un livre! » une théorie sur l'art! N'avons-nous donc pas tout lu et » tout approfondi? »

Autant vaudrait avancer que la vérité totale est devenue la propriété de l'esprit de l'homme, et que, tout ayant été dit, il ne reste plus à dire.

Nous n'en sommes pas à ce point sur la route de la vérité; car où la marche en avant ne sera plus possible, là sera Dieu. L'humanité, par un arrêt sublime, est vouée au progrès. Nous sommes des êtres de découverte. Aussi longtemps que l'esprit humain sera séparé du but vers lequel il aspire, il ne possédera que des vérités partielles, et son éternel honneur sera de s'user dans la recherche incessante du vrai, sans jamais désespérer de s'en approcher davantage.

En présence des obstacles que lui oppose l'inertie ou la légèreté, l'homme d'étude, l'écrivain d'art par exemple, a donc besoin, pour aborder sa tâche avec cet enthousiasme qui fait l'éloquence, de se sentir fortement attiré par son sujet.

Tel est notre état à l'endroit de la sculpture.

De tout temps, dès nos plus jeunes années, les œuvres de la statuaire nous ont retenu. Un charme invincible s'échappait du marbre ou du bronze et nous enveloppait dans une atmosphère de pensées. Nos sensations, vives et nombreuses dans ces entretiens muets, doublaient l'activité de notre esprit. Nous nous sentions vivre deux fois. Le monde extérieur faisait le vide autour de nous, et de longues heures se sont passées ainsi dans la contemplation ravie d'une figure d'*Apollon*, de la *Vénus de Milo*, d'un groupe de Michel Colombe ou de Puget, des dessins de Flaxman.

C'était comme un fluide étrange qui, pour nous, se dégageait des œuvres sculptées.

Mais j'entends les habiles me répondre en hochant la tête, qu'on n'écrit pas de tels aveux. La sincérité, l'enthousiasme, les aptitudes naturelles! allons donc! Notre siècle a marché. Il a remplacé ces dons de Dieu par l'adresse et la volonté.

C'est que notre civilisation nous étouffe, et parfois le penseur se demande s'il est le contemporain d'une époque d'activité qui remplit la vie en l'élevant, ou s'il est le témoin de la décadence fiévreuse d'une nation.

Les esprits, comme les corps, sont polis; mais leurs instincts n'ont rien de grand. Une extrême délicatesse, une subtilité merveilleuse couvrent l'égoïsme des actes et le vide des principes. C'est pourquoi tout élan spontané n'est plus de mise. La vérité semble naïve, et les peuples vieillards aiment le raffinement.

Il ne suffit donc plus, pour justifier ses croyances, de dire qu'elles répondent à un besoin du cœur. Le cœur est hors de cause depuis longtemps. Tout au plus cet appel inconscient qui nous vient de l'âme peut-il déterminer chez nous le genre d'étude qui devra remplir notre vie. Ce premier pas étant fait, une analyse approfondie, raisonnée, réaliste, j'allais presque dire matérialiste dans ses procédés, est exigée de quiconque tient une plume.

Cela s'appelle posséder son sujet.

On ne devient pas chirurgien sans avoir usé du scalpel.

Nos savants d'aujourd'hui tiennent plus du médecin que du philosophe. Leur science est expérimentale, et l'intuition ne joue plus qu'un faible rôle dans leur vie intellectuelle.

Eh bien! nous aussi, nous avons médité notre sujet, et il ne nous coûte pas de dire à qui veut l'entendre le motif réfléchi de nos préférences.

Car, encore que notre étude se soit faite lentement et sans violence d'esprit, contrairement à la méthode du jour, nous apportons des preuves à l'appui de notre doctrine.

L'art du sculpteur nous attire, parce qu'il est tout à la fois l'art le plus élevé et le plus populaire.

Il est l'art le plus élevé.

Cependant, toute œuvre sculptée n'a que des dehors obscurs. Le marbre est froid. La sévérité de la pierre monochrome a quelque chose de sépulcral.

Erreur.

L'œuvre peinte est entièrement de convention; l'œuvre sculptée se rapproche de la nature. Elle prend notre forme; ses mouvements sont vrais; le lieu qu'elle occupe dans l'espace n'est point supposé. Elle est vraiment un exemplaire de l'homme. Elle vit et palpite comme lui.

Mais j'entends l'objection : plus l'œuvre sculptée s'identifie avec l'homme par la similitude des formes, plus aussi l'art du sculpteur est un art d'imitation.

Eh quoi! Dieu, qui donne à chaque homme la même forme, n'est-il donc qu'un froid copiste? Est-ce que, au contraire, malgré leur unité primitive, les hommes d'une même race ne nous apparaissent pas distincts par leur physionomie et leurs aptitudes? Qui donc empêchera le statuaire de génie de varier ses types s'il sait être créateur? Qui lui défendra d'allumer dans le regard et sur le front de ses statues cette flamme d'en haut que Dieu jeta sur le front d'Adam : la pensée?

L'œuvre sculptée n'est pas seulement sévère, elle n'est pas seulement réaliste, on veut qu'elle soit encore une œuvre ingrate.

Je l'accorde; au premier coup d'œil, l'œuvre isolée déconcerte un regard distrait. La statue nous apparaît souvent au milieu de la mêlée humaine, et le marbre solitaire qui domine les foules semble dédaigner leurs entraînements.

Qu'est-ce à dire? Ce contraste, fait pour choquer les esprits légers, n'est-il donc pas à l'honneur de la statuaire? Notre existence moderne est-elle une vie normale, n'est-elle pas plutôt une consomption?

Nous vivons debout, nous pensons en courant.

Regardez-y de près, toute grande œuvre dans le domaine des faits ou de la pensée a besoin de calme pour naître. La possession de soi fait seule les hommes de caractère. Or, la sculpture, qui n'est point un art transitoire, saisit l'homme dans le calme, alors qu'une transfiguration s'opère dans son être. Elle attend qu'il soit sous l'empire d'un acte d'héroïsme ou d'une inspiration sublime. C'est à cette heure décisive qu'elle fixe ses traits dans le marbre.

Et l'isolement de l'œuvre sculptée est une limite bienfaisante proposée à notre étude. Un groupe de vingt statues exigerait une année d'examen.

L'œuvre sculptée n'est donc pas ingrate, mais féconde. Elle appelle le regard sur toutes ses faces. Elle est l'image de la grandeur calme, incompatible avec une vie devenue vulgaire et surmenée, d'où la pensée est le plus souvent bannie. Elle est et elle demeure dominant notre course affolée. Symbole de force et de paix, les enseignements de la sculpture, s'ils étaient accueillis, feraient à nos générations modernes un palladium contre l'abaissement des esprits.

Toutefois, nous supposons que l'art peut acquérir encore quelque influence sur les peuples.

Beaucoup ne partagent pas cette croyance.

Pourquoi?

C'est qu'ils ont regardé le peuple, et, le trouvant indiscipliné, ces philosophes se sont bornés à constater le fait.

Ils ont ensuite considéré d'un regard sommaire l'art dans ses manifestations récentes. Et ni la peinture, ni la statuaire, ni même la musique ne leur sont apparues comme étant en relation directe avec nos mœurs publiques. Ce fut leur seconde constatation.

Ceux qui jugent ainsi sont des réalistes à courte vue.

Une force est bienfaisante ou nuisible. Elle crée ou elle détruit. La force créatrice se trahit à chaque heure dans l'œuvre qu'elle achève et qu'elle pare. Dieu lui a mis cette gloire au front. C'est sa récompense et le signe de son génie. La force dissolvante fait son œuvre dans l'ombre. Elle désagrége, elle dissèque à petits coups. Elle se fait invisible, on ne l'entend pas. Elle est la puissance occulte. De temps à autre, un pan de mur croule avec bruit. C'est le fruit de son travail, c'est le cataclysme matériel ou moral, c'est la ruine préparée par le génie du mal.

Tout ce qui est de l'homme peut dévier. Une force créatrice devient un esprit de destruction. Et, pour peu que le philosophe qui s'instruit à la voix du siècle ne songe pas à remonter des faits aux principes, il ne verra que la face inférieure des événements.

A tout prendre, si je considère l'art en l'an du Christ 1873, sans m'inquiéter de sa source et de sa mission, je suis amené à dire que l'art n'est pas une force.

L'influence n'est plus à l'art, elle est à l'industrie.

Après l'échange des idées, les transactions commerciales. Après l'œuvre, le produit. Les Grecs étaient plus forts que nous : ils menaient de front ces deux choses, dont nous avons rejeté la meilleure.

Ne soyons pas de ceux qui voient le fait sans l'idée. Derrière l'art contemporain, il y a l'art qui nous a précédé. Plus haut que l'art moderne, plus loin que l'art antique, il y a le principe de l'art. Remontons au principe.

Qu'est-ce que l'art?

L'art est quelque chose de plus que le savoir-faire. De la matière habilement pétrie ne constitue pas une œuvre sculptée. De l'encre et du papier ne font pas un livre en se fondant. Il faut à la matière l'action d'une pensée pour créer l'œuvre d'art.

L'art n'est pas davantage la passion d'un moment. Il

y a des heures qui durent un siècle. Mais, dans l'histoire des peuples, de quelque durée qu'ait été l'empire d'un artiste ou d'une école aux principes faussés, ces éclipses n'ont pu faire que l'art ait changé son essence.

Qu'est-ce que l'art? J'hésite à le dire, tant le mot que je vais prononcer va paraître singulier. Si j'étais, pour ma part, l'inventeur de la définition que j'apporte, je me croirais tenu de la défendre. Ce n'est pas qu'il faille craindre pour elle aux yeux des générations futures; mais, en ce temps de positivisme étroit, elle serait probablement taxée d'étrangeté. C'est un ancien qui l'a trouvée. Sa parole a déjà traversé vingt siècles, et personne n'a mieux dit qu'Aristote.

Donc, le disciple de Platon, Aristote, définit l'art « une vertu ».

Sans doute, il ne s'agit pas ici de la vertu morale, mais de la vertu intellectuelle.

L'une fait l'homme honnête et lui inspire la pratique du bien. L'autre fait l'homme aux grandes vues et le place dans un milieu réservé. L'une agit sur la volonté qu'elle dirige, l'autre sur l'intelligence qu'elle emporte.

Où va-t-elle?

Elle va plus haut que l'espace, vers un monde sublime et douloureux, où les âmes vulgaires ne sauraient vivre. Elle va se perdre dans un océan qui est le fond de tout être et qui est sa fortune : la vérité.

Tel est l'acte de la vertu intellectuelle. Elle pénètre la vérité. Mais celle-ci peut nous être révélée sous deux aspects. Tantôt elle est principe et tantôt déduction.

Lorsque la vérité se présente à nous sous forme de principes nécessaires, irréductibles, son évidence nous frappe, sa clarté nous séduit. Or, la vertu d'intelligence qui s'empare de la vérité dans son essence, s'appelle le génie.

Que si, au contraire, la vérité nous est connue seulement par déduction, c'est la vertu de sagesse et la vertu de science qui la font notre bien.

Le génie est la force sans rivale. Tandis que la sagesse et la science sont assises sur la réflexion, le génie éblouit l'homme par une commotion soudaine, où la réflexion n'a point de part.

Le sublime est au-dessus de l'analyse.

Mais l'art, que nous avons dit une vertu intellectuelle, quelle sera sa place et son rôle?

L'homme se trouve en présence de deux codes, qu'il ne cesse d'écrire depuis la création : la règle de penser et la règle d'agir.

La pensée, l'action sont aux deux versants de toute vie humaine.

Et c'est ainsi que la vérité principe et la vérité déduite, qu'elles soient la conquête du génie ou de la science, doivent être appliquées par nous à nos actes.

D'autre part, l'activité de l'homme est extérieure ou intime.

Lorsque l'homme entre en relation immédiate avec l'homme, c'est à la prudence qu'il va demander la règle de ses actes.

Lorsque, au contraire, il cherche autour de lui, parmi les choses créées, quel sera son intermédiaire entre lui et l'homme, son action, pour un temps, cesse d'être extérieure. Elle devient une action intime.

Cet homme fait le silence dans son âme. Dieu lui envoie le sentiment de sa noblesse; il a conscience de sa force, il porte sur lui-même un regard élevé, puis, dans la plénitude de ses facultés, il agit.

Et quel est alors le but de son activité?

Donner une parole à la matière.

Étrange entreprise! Est-ce le génie qui va suffire à cette transformation? Non. La prudence sera-t-elle assez puissante pour opérer ce prodige? Pas davantage. L'homme est-il donc inépuisable? Quelle est la vertu qui sera sa compagne dans ce travail surhumain?

Vous l'avez dit avant moi, c'est l'art.

L'art est la vertu pratiquée pendant cette période laborieuse. C'est l'art qui transmet, par la main de l'homme, la vie et la pensée à je ne sais quoi d'inerte, qui tout à coup resplendit sous le regard de l'artiste.

Qu'est-ce qu'un peu de terre ayant la forme humaine? Qu'est-ce que trois coups de crayon sur du papier?

Ce n'est rien, et c'est tout.

Rien, si les doigts qui ont façonné l'argile ou tenu le crayon n'ont reçu le mouvement que de leurs muscles. Tout, s'ils ont obéi à cette vertu de l'esprit qui est l'art.

La prudence, vertu morale, règle de notre conduite; l'art, vertu intellectuelle, loi de nos œuvres, doivent projeter une égale lumière sur les deux pôles de notre vie.

Car s'il n'est accordé qu'au petit nombre de produire le beau, tous peuvent le comprendre. Celui-ci donne l'impulsion, cet autre la reçoit. En ce sens, chaque homme est artiste dans sa mesure, et l'art a sa place à tous les foyers aussi bien que la prudence.

Que dis-je? l'art par excellence, ce n'est pas même la statuaire, quoique nous en ayons. *Ars artium regimen animarum;* l'art suprême c'est le gouvernement des âmes. Et quel est l'homme qui n'ait au dedans de lui, sous la main de sa conscience, une âme à pétrir et à former! Ah! celui-là seulement pourra gouverner d'autres âmes, qui aura su fonder l'empire du bien dans la sienne. Celui-là seulement sera le vrai maître de la matière, si son âme s'est assouplie sous sa volonté droite et généreuse, s'il a été l'artiste de son être moral en se sculptant lui-même à la ressemblance de Dieu, selon la belle maxime de Plotin :

« Nous devons sculpter en nous, par nos œuvres, notre propre statue à l'image de l'idéale beauté; seulement alors, nous aurons le droit et la puissance de la sculpter plus tard dans les âmes ou le marbre. »

Voilà ce que c'est que l'art.

Les anciens, qui n'ont rien oublié, formulaient ainsi les deux notions dont l'influence se répand sur toute vie. Ils disaient de la notion juste de l'acte moral : *recta ratio agilium.* De la notion juste de l'œuvre artistique : *recta ratio factibilium.*

Retenez ceci : *recta ratio,* la raison droite. C'est la raison qui doit présider à nos actes aussi bien qu'à nos œuvres. Elle est la lumière d'en haut, elle est le guide, elle est l'éternel conseiller. L'acte et l'œuvre résument l'histoire de l'humanité.

Mais, ayant montré ce que c'est que l'art, nous rechercherons maintenant quelles vertus sont nécessaires à l'artiste.

L'art est une vertu de l'esprit, mais nous avons dit que la vertu intellectuelle par excellence s'appelle le génie.

Le génie est-il nécessaire à l'artiste?

Nous avons parlé de la sagesse et de la science; ces vertus sont-elles nécessaires à l'artiste?

Oui, le génie, la sagesse, la science et l'art constituent l'armure de l'artiste.

Écoutez plutôt la genèse de son chef-d'œuvre.

Il a vu dans son intelligence, — *intus legere*, — il a vu le reflet de l'incréé. Un rayon divin l'a traversé dans son âme, il a la révélation de la beauté. Pour une heure, sa puissance n'est plus celle de l'homme, il vit dans les sphères supérieures, il est le contemplateur de l'invisible, le voyant de Dieu.

La vision n'est que le prélude de l'amour. L'intelligence de l'artiste subjuguée, son cœur s'est penché. Il a pris son rêve et l'a caressé. Les facultés maîtresses de cet homme ont battu les mêmes pulsations autour d'une idée. Son être a tressailli. La foi et l'amour l'ont inondé de leurs eaux créatrices. Il a senti sa poitrine se soulever. La joie de l'esprit, le bonheur de vivre l'ont visité. A l'homme de pensée succède l'homme d'enthousiasme, il va créer.

C'est alors qu'il saisit un peu de matière entre ses mains fiévreuses. L'œil fixe, le front haut, tout son corps a pris la pose du maître : il commande. A son ordre, les couleurs s'harmonisent, les sons se mesurent, la pierre s'amollit. La vie et la mort font un pacte, et voilà que la nature inerte prend une forme et une parole pour l'enchantement de notre esprit. Toutes les vertus de l'artiste sont en jeu. La sagesse tempère le feu de son génie, la science lui apporte l'adresse. Cet initié de Dieu reprend sans trembler l'œuvre de l'Éden. Il chante et il sculpte à l'image de son âme. De grandes amours le soulèvent; sa taille est celle de l'ange. Debout sur son humble escabeau, cet homme peut défier les rois qu'il surpasse en puissance. Ce ne sont pas seulement les hommes qui se courbent devant lui, c'est le monde créé. Je me trompe, l'artiste n'a pas reçu la mission d'humilier, mais d'élever. On ne se courbe pas sur sa route, on le suit. Et dans son ascension magnifique vers les sommets, je l'entends nous dire avec le poëte :

Voici mon orient, peuples, levez les yeux.

Tel est l'artiste. Tel est l'homme en qui la vertu de l'art s'est fait un cortége du génie de la sagesse et de la science. Certes, l'influence de cet homme sera grande, parce que ses vertus sont nombreuses. Comment douter, après cela, de la puissance de l'art à toutes les époques et sur tous les peuples, si Dieu ne refuse pas à l'humanité de vrais artistes?

Eux seuls sont les éternels conquérants.

Mais lorsque nous nous sommes demandé quels sont les caractères de l'art et les vertus de l'artiste, nous venions d'affirmer que la sculpture est l'art le plus élevé et le plus populaire.

Reprenons notre thèse.

Elle est l'art le plus élevé. Pourquoi? Parce que l'homme est son domaine exclusif. La peinture a pour elle la lumière et l'espace; elle a l'insecte, l'arbre, la fleur, l'océan, la montagne. Au-dessus de tout cela, l'homme lui appartient encore.

N'est-ce donc point un signe d'indigence chez le statuaire que cette nécessité de peindre l'homme à l'exclusion de toute créature pour parler sa pensée?

Non.

Le peintre n'est artiste qu'à la condition de fondre l'âme humaine sur sa toile. Qu'importent les contours? la vie est tout. Or, la vie de la lumière et de l'espace leur vient de la poésie qui s'exhale de l'âme humaine. La vie diminuée de l'insecte, de l'arbre, de la fleur; la vie grandiose mais limitée de l'océan, des montagnes, n'est qu'une aspiration touchante ou terrible vers une vie supérieure qu'un seul être possède dans sa plénitude : l'homme.

L'homme est l'exemplaire unique des vertus de Dieu, et j'appelle l'art le plus élevé dans son but celui qui, sans entrave et sans détours, ne se lasse pas de chercher dans l'homme une image de la beauté de Dieu. Tandis que la peinture ramène péniblement à ce terme nécessaire l'esprit de l'homme, la sculpture est impuissante à s'en détacher. La langue du peintre est une langue confuse. Alors même qu'il jette sa pensée dans l'infini, le peintre retient souvent, malgré lui, l'intelligence humaine sous le charme des couleurs, l'intérêt de l'action, la proportion des lignes. Seul il a vécu dans l'idéal; les spectateurs de son œuvre sont demeurés dans le monde créé. Le paysagiste, l'animalier, le peintre de batailles ou de marine, vaincus par la difficulté de la traduction, ne nous sont-ils pas apparus maintes fois étrangers à toute pensée d'en haut? Les réalistes ne sont que les photographes du visible. Ils ne recherchent pas l'idée, mais l'objet.

La sculpture ignore de pareils abaissements ou, si elle se rencontre parfois, sous la main d'un indigne praticien, dans ces régions vulgaires, l'homme qui l'a courbée ainsi ne l'a pu faire sans effort.

La sculpture est l'art des hautes passions. Le caractère se grave avec plus d'énergie dans la pierre que sur la toile. L'image d'un homme de génie n'est achevée que par le bronze ou le marbre. La sculpture a pour elle sa blancheur primitive. Tandis que le temps s'épuise à détruire l'œuvre du coloriste, c'est lui qui apporte à l'œuvre du statuaire la couleur. Il étend sur elle avec complaisance ces tons adoucis qui font moins sévère au regard l'image des héros, à mesure que leur figure grandit dans le passé. Nous le répétons, l'art du statuaire est le plus élevé dans son but, et conséquemment le plus moral.

Il est aussi le plus simple dans ses moyens. Je regarde le musicien. Je le vois entouré d'un orchestre. Des instruments de toutes sortes sont là, n'attendant qu'un signe pour vibrer. La langue des sons ne suffit plus au maître : il appelle à son aide toutes les féeries de la couleur. Les poses légères et sculpturales complètent son œuvre, dont les gammes enchantées se succèdent sous le chatoiement de mille feux.

Le peintre habite des palais. De riches étoffes, des meubles de choix, des ornements de tout genre sont autour de lui. Ses couleurs nombreuses et variées se mêlent avec gradation sur sa palette. Des modèles aux poses multiples se tiennent immobiles et groupés sous son regard. Un empereur et sa cour sont debout, heureux d'être admis dans l'atelier du Titien. Vienne l'heure où le pinceau glissera par mégarde des doigts de l'artiste, c'est Charles-Quint qui voudra le relever.

L'atelier du statuaire est nu. Un peu de terre, quelques gouttes d'eau, un ébauchoir de buis, et c'est tout. Cette terre molle, gluante, sans couleur et sans relief va prendre une forme. L'artiste arrosera chaque soir avec patience son bloc d'argile. Il retranchera le lendemain pour ajouter ensuite. De sa main ferme il pétrira le front du penseur, les tempes du savant, les lèvres du poëte. Son œuvre s'accomplit dans la solitude. C'est à peine si de temps à autre quelque rare modèle vient s'asseoir sur la table de l'atelier. C'est le silence, c'est la méditation, c'est la fécondité. Michel-Ange est appelé le « bourreau », tandis que son rival heureux se voit acclamé par la jeune Rome.

Plus les moyens d'atteindre un but élevé sont simples, plus est incontesté le mérite de l'homme qui l'atteint.

Une redoute se prend d'assaut.

La sculpture est cette redoute. Peu de chemins y conduisent, mais on l'emporte de haute lutte par une inspiration de grand souffle et une étude de toutes les heures. Elle n'a pour elle ni la complicité de la lumière qui appelle la couleur et la produit, ni la docilité de l'atmosphère dont les atomes se changent en ondes sonores, mais il lui reste la pierre, sa consistance et sa durée. C'est ainsi que la statuaire est un art supérieur dans son but et dans ses moyens, parce qu'il est fait d'unité.

La vérité veut être acquise par une somme de travail. Toutefois, lorsque l'éducateur s'est imposé les longues études, l'être enseigné reçoit sans fatigues le dépôt de la vérité. L'œuvre artistique qui est la manifestation du beau se perçoit par la vision dans la mesure où l'artiste s'est pénétré de son art. Le labeur consenti du statuaire rend son œuvre saisissable pour le peuple. Tout le travail étant d'un côté, la jouissance est de l'autre.

Après la conquête, la possession.

Le sculpteur s'est emparé de l'infini; fier de son œuvre, il a condensé sa conquête dans un marbre qui vit, et, sans hésitation, l'œil de l'enfant se pose sur ce marbre et comprend ce qu'il dit.

Mais j'aborde ici la plus belle prérogative de la sculpture, je veux parler de sa popularité.

L'art du sculpteur est le plus populaire. Tel est le second terme de notre axiome.

La popularité sera toujours la sanction dernière pour tout ce qui a trait aux idées. Elle est inséparable de l'universalité. Un pouvoir universel est un pouvoir souverain.

Est-il vrai que le peuple aime la sculpture?

Mais le peuple de nos jours n'est-il pas avant tout le déshabitué des choses de l'esprit? Quelles sont les joies populaires? Quelle est la soif intellectuelle des travailleurs de ce temps?

Elle n'existe pas.

Les esprits se sont abaissés. Une littérature amoindrie, un théâtre vulgaire et malsain ont été les causes premières de cet abaissement. Puis l'art est venu, et l'absence d'une école spiritualiste a été pour le peuple le principe d'un éloignement général en ce qui touche aux œuvres de la pensée.

Nous ne pouvons donc affirmer que la sculpture soit aujourd'hui populaire, pas plus que les lettres, pas plus que l'éloquence. Mais si l'étude des caractères de la sculpture nous conduit à reconnaître en elle un art fait pour le peuple; si l'étude des faits dans le passé nous révèle l'existence de cette popularité chez une nation, nous aurons prouvé du même coup que ce qui est possible et ce qui a été doit être.

Nous avons montré tout à l'heure que l'art du statuaire est le plus élevé dans son but. Nous l'avons dit le plus simple dans ses moyens. L'unité, qui est sa richesse parce que l'homme est l'objet constant de son étude, fait la sculpture plus aisément possédée par l'esprit humain. Elle est l'art à travers lequel les explorations de l'intelligence sont moins sujettes aux tâtonnements. Les chemins y sont tracés. Là, moins qu'ailleurs, on ne s'égare. Des guides de plus d'un genre s'offrent à l'observateur au seuil même de l'étude qu'il entreprend. Les plus sûrs de ces guides, ce sont les trois dimensions sous lesquelles nous apparaissent les œuvres de la sculpture.

Avant de pénétrer jusqu'à notre esprit, la sculpture affecte nos sens dans une mesure qui n'appartient qu'à elle. Elle se laisse envelopper par le regard, qui n'a pas besoin de recourir à l'intelligence pour obtenir d'elle un compromis.

L'œuvre peinte ne peut être vue sans convention. L'œil et l'esprit vont de pair dans la simple vision d'une toile.

L'œil dit ce qu'il voit, l'esprit ce qu'il faut voir.

Ici, les choses se passent autrement. Le témoignage de l'œil est complet. Aucune convention n'altère les contours de l'œuvre sculptée. Que dis-je ! elle appelle le regard dans tous ses replis. Pendant ce temps, l'intelligence reçoit dans l'immobilité les sensations que l'œil lui transmet, et n'entrant pour rien dans l'acte de la vision, elle juge avec une liberté plus calme les assertions répétées de son auxiliaire.

Ce n'est pas tout. Le suprême privilége de la sculpture, c'est de pouvoir vivre où est le peuple. Comparez sous ce rapport la statuaire et la musique.

Celle-ci, pour être entendue, demande au peuple des sacrifices qu'il ne peut s'accorder. Nos théâtres sont inabordables pour l'ouvrier. Quel est le travailleur qui soit allé deux fois à l'Opéra? Les *Italiens* sont-ils visités par un seul ouvrier dans l'espace d'une année? Or, ce ne sont pas les érudits et les riches qui constituent le peuple. Ces heureux de la vie sous certains rapports seront toujours l'exception. Un art qui n'est accessible dans ses chefs-d'œuvre que pour ces privilégiés ne saurait être un art populaire et universel. Je le sais, l'Église a voulu donner au peuple dans ses temples le suave enivrement de la musique, mais le peuple des villes a désappris la rue qui conduit au temple.

L'œuvre peinte est moins cachée. Des galeries publiques la protégent encore, mais les portes en sont ouvertes. Le peuple peut entrer. Il sera là chez lui. C'est un progrès que la musique ne connaît pas et qui fait plus grande la popularité de la peinture. Cependant tous les obstacles ne sont pas levés.

Le peuple ne peut visiter un musée qu'à ses jours de repos. Et le nombre de ces jours bénis que Dieu avait institués pour le cœur et l'intelligence du peuple, plus encore que pour ses bras, le nombre des jours de repos diminue de plus en plus. Encore un peu, et les machines-outils auront pour pendant l'homme-machine. Les courroies et les meules ont égaré l'intelligence du producteur, et dans son admiration pour la machine au fonctionnement perpétuel, on le voit exiger de son semblable des nerfs de bronze. Sans doute, il n'y a là qu'une servitude consentie, peut-être souhaitée de la part du peuple; mais le lucre n'est pas tout dans une vie d'homme. Au-dessus des intérêts de la matière existent ceux de l'âme. Le corps et l'esprit ne s'excluent pas : ils se complètent. L'un ne saurait vivre au détriment de l'autre, et la sagesse des lois humaines se peut mesurer à la double sauvegarde que ces lois apportent à l'homme. Que sont les sociétés et les gouvernements, sinon la puissance dirigeante? Et quelle direction prétendrez-vous imprimer aux actes d'un peuple si vous n'avez préservé chez lui le principe inviolable et personnel de ses actes : l'âme?

Le jour du repos, c'était la respiration de l'âme. Rendez au peuple ce bienfait si vous ne craignez qu'il étouffe. Déjà trop de convulsions terribles nous ont appris son malaise.

Les joies que porte avec elle la contemplation des œuvres peintes ne peuvent donc être connues de l'ouvrier que pendant ses jours de repos. Le temps lui est compté lorsqu'il travaille. Mais lui sera-t-il loisible, même au temps de son repos, de s'éprendre de peinture? Non. Le repos pour lui, c'est la liberté, c'est l'excursion loin des villes, ce sont les joies simples de la famille goûtées en commun. Le travailleur, fût-il donc initié de longue date aux beautés de la peinture, ce qui n'est pas, hésiterait encore à demander fréquemment aux siens le sacrifice de leur liberté, pour les conduire dans nos galeries étroites au pied de quelque chef-d'œuvre.

Mais ce qui appartient vraiment au peuple, c'est le forum, c'est la place publique, c'est la rue. Et j'admire qu'un art ait été conçu dans de telles conditions, que non-seulement il n'est pas déplacé dans la rue, mais qu'il s'y trouve en son lieu. La rue est au peuple. Qu'il travaille ou qu'il se repose, c'est le peuple que nous coudoyons dans la rue. C'est lui qui va, vient, s'arrête, reprend sa marche et fait la vie de nos cités. Ce bruit et ce mouvement, cette voix confuse et distincte tout ensemble, ces pas, ces gestes qui étonnent dans une grande cité, c'est le peuple. Il vit et se meut au grand air.

Pendant que le penseur médite en sa demeure, que l'homme d'État se renferme dans les palais, le prêtre dans le temple, l'ouvrier sillonne en tous sens le sol de nos villes.

L'usine ouvre sur la rue.

C'est donc ce terrain qu'il faut orner. C'est lui qu'il faut peupler de statues comme il est peuplé de travailleurs.

L'éloquence d'une œuvre sculptée est centuplée par sa vie en plein soleil. Que l'on essaye de cette prédication, plus saine assurément, si on la surveille, que celle du cabaret et du club qui ne saurait être surveillée, et l'art redeviendra puissant en devenant populaire.

Que si l'on trouve exagérée ma demande, je dirai : « Les Grecs faisaient ainsi. »

Suivez Pausanias dans ses voyages à travers l'Attique

et la Laconie; suivez-le dans l'Élide, à Corinthe, à Messène, en Phocide, et vous l'entendrez dire :

« Sur le chemin qui mène de Delphes au mont Parnasse, à quelques soixante stades de la ville, vous voyez une statue de bronze. Là, le chemin commence à devenir plus facile, non-seulement pour les gens de pied, mais aussi pour les mulets et pour les chevaux, jusqu'à l'antre Corycius [1]. »

Ainsi ce n'était pas assez pour les Grecs d'élever des temples et de les orner de statues, du seuil au fronton, ce n'était pas assez de marquer la limite de leurs places publiques, les portes de leurs cités, la plate-forme de leurs môles par des œuvres sculptées, ils avaient du marbre ou du bronze pour un chemin perdu !

La solitude, l'escarpement d'un sentier n'effrayaient pas ces vrais artistes. Ils savaient qu'un homme, pâtre ou étranger, foulerait quelque jour le gravier de cette route, et ils y apportaient un Hermès. Ah ! je ne m'étonne plus si la sculpture a été populaire dans l'antiquité. Elle était vraiment la richesse du peuple. Elle était la joie de son esprit, le ravissement de son regard. Quiconque portait accablé le poids du jour ou du travail heurtait du pied je ne sais quelle muraille. Il levait la tête. La muraille était un socle, et sur ce socle une figure humaine, pleine de calme et de noblesse faisait le travailleur consolé.

Imitons les Grecs dans ce culte du beau dont ils ont fait un culte populaire. Déjà de louables efforts ont été faits pour améliorer le sort du peuple. Aux rues étroites et sans lumière succèdent de larges promenades. C'est le

[1] PAUSANIAS, *Voyage historique de la Grèce*, livre x, tome IV.

soleil, ce sont les fontaines et les grands ombrages, c'est l'air pur et avec lui la santé. Des noms qui n'ont rien d'antique servent à définir ces créations utiles. On les appelle des « *squares* ». Qu'importe le nom? Ce qu'il faut, c'est que ces *squares* soient ornées d'œuvres d'art. La sculpture leur apportera cet achèvement qui consacre les belles choses. C'est par elle que ces lieux de repos permettront à l'âme du peuple de respirer le beau. Que la sculpture soit l'atmosphère de l'ouvrier. Qu'il se nourrisse des lignes heureuses, vêtement des fortes pensées, et nos générations industrielles connaîtront le secret des joies élevées qu'elles désapprennent de plus en plus. L'art aura reconquis son influence d'autrefois. Le peuple redeviendra meilleur.

Tels sont nos vœux et telles nos espérances.

Mais cette révolution dépend surtout des artistes. La popularité que nous ambitionnons pour leurs œuvres serait une magnifique récompense de leur travail.

Qu'ils sachent la mériter.

Cette sanction dernière est réservée à leur génie s'ils se montrent les gardiens jaloux d'un art fait de noblesse. Qu'ils marchent affermis dans la sagesse et dans la science. Qu'ils soient des hommes d'enthousiasme à une époque de calcul et d'analyse. Qu'ils soient des hommes de désintéressement en ces temps de hideuse vénalité. Qu'ils fassent de l'intelligence du peuple le satellite de leur pensée. A eux de convaincre l'ouvrier de la force d'attraction d'un cœur vaillant. Ils susciteront ainsi les décrets par lesquels nos gouvernements feront une place d'honneur à leurs œuvres dans nos villes d'industrie.

Seuls ils placeront plus près de Dieu l'esprit du peuple, parce que l'enthousiasme est un élan vers l'infini.

Jeunes gens, jeunes gens, vous qui tenez l'ébauchoir et le ciseau, vous tous qui serez des maîtres, au nom du travailleur aigri, au nom de la France, au nom de votre art, jetez en Dieu votre génie, et en avant!

Entheos! de l'enthousiasme!

Traversez notre nuit avec des fronts heureux et pleins de pensées. *Entheos!* élevez le peuple que ce siècle a fait ignorant de l'idéal. *Entheos!* emportez-nous dans le divin!

LA SCULPTURE

AU SALON DE 1873

I

M. Pilet : *Esclave pendant la vente.* — M. Isidore Bonheur : *Pepin le Bref dans l'arène.* — M. Caïn : *Famille de tigres.* — M. Doublemard : *le Maréchal Moncey défendant la ville de Paris.* — M. Grégoire : *Oreste.* — M. Power : *le Patriotisme.* — M. Valette : *la Garde Mobile.* — M. Chatrousse : *Dernier adieu d'Héloïse et d'Abélard.* — M. Prouha : *Suzanne.* — M. Saint-Jean : *l'Amour et Psyché.* — M. Captier : *Hébé.* — M. Baujault : *le Premier Miroir.* — M. Boisseau : *l'Adolescence.* — M. Guillaume : *Source de Poésie.*

Je ne puis comprendre comment les écrivains d'art ont maintes fois proclamé que la sculpture est l'art par excellence, sans oser lui faire dans leurs écrits une place en rapport avec le haut rang qu'ils lui assignent.

Nous essayerons d'être plus logique, et, convaincu de l'éminence de la sculpture, ce sont ses productions que nous voulons étudier à loisir. Nous nous inquiétons peu de mettre au jour un livre soi-disant incomplet, si ce livre que nous souhaitons de publier au lendemain de nos Salons renferme dans ses pages un examen sérieux des œuvres de la statuaire exposées chaque année.

Le Palais de l'industrie, propre à toutes choses, si l'on considère ses destinations multiples, n'est point fait pour donner de la valeur aux œuvres d'art qu'on expose dans son enceinte. Il tient plus de la halle que du salon, et les objets qu'on y rencontre semblent toujours attendre l'acheteur. On y respire l'atmosphère chargée d'une salle de vente bien plutôt que l'air calme d'un musée. C'est un mauvais choix, et lorsque le Salon se réfugiait au Louvre, il y a quelque trente ans, il était bien mieux à sa place.

La sculpture surtout est sacrifiée dans le jardin du Palais. Ce n'est pas le jardin qui semble avoir été fait pour elle, c'est elle qui décore le jardin. Cela se sent jusque dans la symétrie apportée par les ordonnateurs du Salon, qui prennent soin qu'une statue serve de pendant à une statue, un groupe à un autre groupe, au risque de sacrifier le mérite d'une œuvre aux exigences du coup d'œil. C'est un tort réel que l'on fait aux artistes en agissant de la sorte, et, malheureusement, nous devons craindre que les Salons soient pour longtemps inséparables de ce monument incommode.

Une Esclave pendant la vente, de M. Pilet, est une œuvre de mérite. Une jeune fille assise sur un banc, dans une attitude ramassée, la tête en avant, le regard inquiet, attend, comme le *Chénier* de l'*Appel des condamnés*, que son nom ait été prononcé par ses maîtres. Mais tandis que le *Chénier* de Müller est plein de résignation, l'*Esclave* de M. Pilet trahit une anxiété douloureuse. Cette figure de jeune fille, pudiquement vêtue, relevant ses mains chargées de fers sur sa poitrine mal protégée par une tunique en haillons, cette femme qui sent que tout est fini de son passé, si triste qu'il ait été, et que sa vie se joue à l'heure qu'il est dans des enchères dont elle est le témoin, nous a paru être une œuvre de goût, longtemps méditée, bien comprise et exécutée avec un sens très-juste du sujet choisi.

Le *Faucheur au repos* de M. Ramus, bien campé, robuste, plein de naturel en aiguisant sa faux, retient longtemps le visiteur. La tête est superbe d'intelligence. La barbe, courte et bien fournie, donne à la figure je ne sais quoi d'antique qui rappelle les types romains. La poitrine et les jambes sont nues. Une draperie jetée sur l'épaule gauche tombe avec élégance au pied d'une gerbe placée derrière la figure. Malgré nous, il nous semble qu'une pensée morale de la plus haute portée ressort de cette œuvre : elle est l'image du travailleur idéalisé, tel que peut le faire un labeur honnête, sain, vivifiant, joyeusement accepté. Nous voudrions que cet homme des champs, exécuté par le statuaire avec des tons chauds et dorés, fût placé dans un des faubourgs de Paris. Nous croyons que la vue de ce *Faucheur* vigoureux plaiderait plus éloquemment que tous les livres la cause du travail en plein air, auprès de milliers d'hommes accourus des campagnes, que l'atmosphère viciée de la mansarde aussi bien que de l'usine étiolent avant l'âge. M. Ramus a fait non-seulement une œuvre de mérite en sculptant son *Faucheur*, il a fait une bonne œuvre dont les amis désintéressés de l'ouvrier lui sauront gré.

M. Isidore Bonheur expose un groupe mouvementé, auquel il donne pour titre *Pepin le Bref dans l'arène*. Vu de côté, ce groupe est plus beau que vu de face. Un taureau gît sous le lion contre lequel lutte Pepin le Bref. Le visage du lutteur manque d'expression et ses formes sont grêles. Je ne crois pas que l'histoire nous ait donné sur lui ce témoignage. Il était petit mais trapu. M. Bonheur l'a fait petit, mais élégant, et presque élancé. C'est une faute. Ces réserves faites, le groupe est bien compris et les deux animaux surtout méritent de sérieux éloges. Ils ne seraient pas déplacés auprès de la

Famille de tigres de M. Caïn, groupe colossal d'un effet saisissant.

Le tigre royal qui tient le milieu du groupe dans l'œuvre de M. Caïn, mâchant paisiblement et d'un air hautain la proie qu'il vient d'étrangler, est superbe de majesté. Il a le calme de la toute-puissance. Ce groupe est un travail qui ne le cède pas aux meilleurs ouvrages de M. Caïn, très-apprécié depuis longtemps comme animalier.

Le maréchal Moncey défendant la ville de Paris, pour la place de Clichy, par M. Doublemard, est une œuvre très-lourde. Cependant la figure de Moncey, debout sur la barricade, enjambant les poutres et les amas de toute sorte, pour faire un rempart de son corps à la Ville de Paris, figurée par une femme au front ceint d'une couronne murale, ne manque pas d'une certaine beauté. Le mouvement est juste, et si le maréchal était moins écrasé par le personnage qu'il veut défendre, on s'arrêterait plus volontiers devant ce monument; mais *Paris* rappelle vraiment trop par la carrure de ses épaules la figure de la Liberté, telle que l'a décrite Barbier dans ses ïambes.

L'*Oreste* de M. Grégoire est empreint d'énergie, et la figure d'Iphigénie rapportant la statue de Diane Taurique est habilement drapée. Que dire de cet homme en pleurs qui embrasse l'autel de la Patrie et que son auteur, M. Power, intitule *le Patriotisme?* L'image est fausse et ne répond pas à son titre : le vrai patriote ne pleure pas sur la Patrie, il la défend et il la venge. Je préfère de beaucoup au *Patriotisme* de M. Power, *la Garde mobile* de M. Jean Valette. C'est une allégorie très-simple. La figure debout, vêtue de la cotte de mailles, les mains chargées de couronnes, montre suffisamment qu'il s'agit d'un souvenir funèbre : en effet, la statue de M. Valette est destinée au monument élevé à la mémoire des gardes mobiles du Cher, tombés au combat de Juranville, pour la défense de la patrie. Cette figure est en deuil, mais son deuil est sans larmes, sans ostentation, et les membres jeunes, la vigueur des chairs disent assez que le devoir funèbre qu'elle va remplir étant accompli, il y aura place dans sa vie pour de nouveaux combats. Si l'on veut de la sculpture patriotique, c'est bien ainsi qu'il faut la comprendre et l'exécuter.

Le *Dernier adieu d'Héloïse et d'Abélard* au Paraclet, par M. Chatrousse, est un anachronisme. Lorsque le célèbre docteur se fut fait moine et Héloïse religieuse au Paraclet, il n'y eut plus d'entrevue de la part des deux personnages. Abélard promit, dans une lettre restée célèbre, qu'il ferait don de son cadavre à sa maîtresse, afin de lui montrer « combien c'est aimer peu de chose que d'aimer un homme ». Et ce fut tout. M. Chatrousse, en représentant Abélard sous un froc et Héloïse en abbesse déjà vieillie, n'a pas eu raison de nous faire assister à des adieux imaginaires.

La *Suzanne* de M. Prouha manque de vérité : ce n'est pas de l'audace et du dédain qu'elle doit montrer, c'est de la pudeur, et M. Prouha n'y a pas songé.

L'*Amour et Psyché* de M. Saint-Jean ne vaut pas mieux. L'Amour n'est plus ici le dieu vainqueur; Psyché, maladive et hésitante, semble discuter avec le dieu. M. Saint-Jean fera bien d'étudier Canova. *Hébé*, par M. Captier, est une élégante création. La pureté des formes, les traits reposés, l'attitude pleine de convenance et de naturel de la figure emplissant une coupe, donnent beaucoup d'idéal à cette composition qui rappelle l'antique. Nous préférons de beaucoup cette œuvre à la *Judith* du même auteur, qui nous a paru trop romanesque et plutôt faite, dans sa pose et la sombre énergie de la tête, pour être peinte que pour être sculptée.

Le Premier Miroir, par M. Baujault, attire beaucoup de monde. C'est une jeune fille de quinze ans qui se mire dans une source en tenant d'une main ses cheveux en touffe au-dessus de sa tête. Cette étude renferme assurément de grandes qualités; le geste, par exemple, en est naturel, les jambes et les bras ont bien le même âge que la tête; mais le reste du corps, trop accusé, nuit à l'unité de l'ensemble. Ce fut jadis le procédé de Greuze. Il aimait à placer des têtes de quinze ans sur des corps de vingt ans, et c'est ce qui a fait dire de lui « qu'il a des coups de pinceau qui dépravent ». Nous invitons M. Baujault à méditer cette parole, qui n'est pas de nous, mais de M. Paul de Saint-Victor. La figure qui nous occupe en ce moment eût encore gagné, si le sourire eût été moins voisin de la grimace.

L'*Adolescence*, par M. Boisseau, est une œuvre très-étudiée, et dont l'attitude réservée contraste heureusement avec la statue dont nous venons de parler.

Source de Poésie par M. Guillaume, membre de l'Institut, est une grande et belle allégorie. Je ne prétends pas que le visiteur pût de lui-même lui donner le titre qu'elle porte, si le livret ne lui venait en aide; mais, à coup sûr, quiconque verra cette œuvre comprendra qu'elle est une représentation de la pure et saine Poésie.

Une femme, assise sur des rochers, tient une lyre antique posée sur son genou. Le haut du corps est nu. La main gauche retient une amphore renversée d'où s'échappent des flots symboliques, auxquels viennent s'abreuver des génies. Un peu au-dessous de la figure, de petits groupes secondaires servent d'emblème à la poésie pastorale, à l'élégie, pendant que le sujet principal est lui-même le symbole de l'épopée. Un berger boit dans sa main l'eau de la source poétique. Il y a beaucoup d'idéal et de vérité dans cette œuvre vraiment imposante. L'inspiration est forte et elle nourrit. On se plaît à regarder longtemps sans lassitude ce beau marbre, qui n'éveille que de hautes pensées, parce que l'auteur, en le travaillant, a dû prendre souvent l'attitude de sa figure, c'est-à-dire interroger du regard les sphères élevées, et, sans qu'il y ait songé peut-être, ce qu'il appelle *Source de Poésie* pourrait aussi justement s'appeler *Sursum corda!*

II

M. André Allar : *Enfant des Abruzzes.* — M. Crauk : *l'Intendant d'Étigny.* — M. Barrias : *la Religion.* — M. Girard : *un Chasseur.* — M. Bartholdi : *les Loisirs de la Paix; Lafayette.* — M. Franceschi : *le Réveil.* — M. Perraud : *Galatée.* — M. Dubois : *Ève naissante.* — M. Martin : *Chasse au nègre.* — N. Faraill : *Damœtas.* — M. Croisy : *l'Invasion.* — M. Chenillon : *Jeune Berger pansant son chien blessé.* — M. Schœnewerk : *Jeune Fille à la fontaine.* — M. Blanchard : *Jeune Faune.* — M. Fourquet : *Triptolème enseignant l'agriculture.* — M. Moreau : *Libellule.* — M. Maurette : *Chévrier.* — M. Perrey : *Chevrier.* M. Irvoy : *Ronsard.* — MM. Gruyère et Pascal : *l'Amiral Tegetthoff.*

Beaucoup de grâce et beaucoup de vérité, telles sont les qualités dominantes de la statue exposée par M. André Allar, prix de Rome, et que le livret désigne sous le titre d'*Enfant des Abruzzes.*

C'est un petit Napolitain, âgé de dix ans au plus; il est nu; un amulette est suspendu à son cou. Debout, il soutient de ses deux mains une amphore remplie d'eau. La main droite soulève l'amphore au moyen de son anse; la main gauche concourt au même but en étant placée sous le fardeau. Le mouvement général de droite à gauche est très-naturel. La jambe droite est légèrement relevée par l'effort qui incline malgré lui ce petit corps nerveux, mais dompté par le poids dont il s'est chargé. La ligne des épaules, l'attitude de la tête, l'expression du visage traduisent la fatigue de l'enfant. D'ailleurs, les traits disent l'insouciance de cet âge, les membres sont drus et fermes dans leur maigreur, et la statue, vue de droite, est d'un effet excellent. Du côté opposé, l'œuvre de M. Allar présente un ensemble de lignes brisées qui attestent une science sérieuse de la structure humaine aussi bien que des lois de la statuaire.

C'est une œuvre étudiée que la statue de l'*Intendant d'Étigny,* par M. Crauk. La figure, bien campée, fait valoir par sa pose le costume traditionnel des derniers siècles, et l'artiste a très-heureusement traité cette partie de son œuvre. L'étoffe est naturelle, les plis larges tombent avec élégance. C'est un portrait qui a grand air; les traits du visage n'ont pas moins de finesse que de fermeté. La pose est tant soit peu hautaine. D'Étigny fut intendant de province, et M. Crauk s'est souvenu des luttes continuelles de ces fonctionnaires contre les parlements et les états provinciaux, qu'ils tenaient trop souvent en échec, et auxquels ils durent leur suppression pendant la Fronde. La statue de M. Crauk replace bien le spectateur dans le milieu historique où vécut son modèle. C'est le meilleur éloge qu'on puisse faire d'un portrait, lorsque, par ailleurs, l'esthétique n'a rien à reprendre, et ici le blâme n'a point sa place. L'*Intendant d'Étigny* sera certainement un beau marbre.

Je ne puis rien dire de *la Religion,* par M. Barrias. L'ensemble de l'œuvre est pesant et la pose manque de vérité. Le *Chasseur* monumental de M. Girard n'attire pas davantage. Il est fort grand, ce qui serait explicable si la statue portait un nom d'homme ou le nom d'une divinité quelconque, mais ce n'est qu'un chasseur sans nom, et il est nu! Un chasseur nu! C'est au moins bizarre, et je ne sais pourquoi l'on a peine à se figurer que la statue de M. Girard puisse être autre chose qu'une œuvre de convention.

Dans le groupe appelé *les Loisirs de la paix,* par M. Bartholdi, les plus grands éloges sont dus à la figure de l'enfant placé entre les jambes de son père. La pose est gracieuse et vraie, et le groupe tout entier présente une image heureuse de la famille. Mais l'œuvre principale de M. Bartholdi au Salon, c'est le modèle de la statue patriotique de Lafayette, que le gouvernement français offre au gouvernement américain en échange de ses bons offices pendant la guerre. Le *Lafayette* est fermement drapé, la main droite, tenant l'épée posée sur le cœur, est bien en harmonie, par le geste, avec les paroles qui se liront sur le socle de la statue :

« *Aussitôt que je connus la déclaration de l'indépendance américaine, mon cœur fut enrôlé.* »

Si nous avions à formuler une critique, elle porterait sur le peu de volume de la tête; la statue doit orner une place de New-York, que l'on dit être d'une grande étendue; or, la tête du héros, très-jeune et très-fine, ne s'apercevra pas de loin, si l'auteur ne prend soin d'en augmenter l'importance dans le modèle définitif. Cette réserve faite, hâtons-nous de dire que la figure, vraie dans toutes ses parties, donne bien une exacte idée du modèle qui, comme l'on sait, n'avait pas encore vingt ans lorsqu'il quitta la garnison de Metz pour voler au secours des colonies anglaises d'Amérique, sur une frégate équipée à ses frais. Le front jeune que M. Bartholdi a fait à Lafayette est le front d'un penseur résolu; de plus, l'artiste a très-habilement enlevé à sa statue ce que les formes un peu grêles du jeune général eussent eu de disgracieux : un artifice de talent, c'est la façon dont l'artiste a drapé son héros. Le manteau qui enveloppe de ses plis tout le côté gauche de la figure ne lui donne pas moins d'élégance que de solidité.

Le Réveil, par M. Franceschi, n'est qu'une étude académique, à laquelle son auteur a eu le tort de vouloir donner un titre après coup. Un sujet ne se puise pas dans une œuvre banale. Le sujet suppose la pensée, et celle-ci ne souffre pas qu'on l'adapte, sans motif réel, à quelque œuvre vulgaire dans l'exécution de laquelle elle n'eut point de part. Si M. Franceschi eût donné à sa statue le titre d'*Étude de Femme*, il eût mieux fait que de l'appeler le *Réveil*, puisqu'il n'a sculpté, somme toute, qu'une *académie* sur une chaise.

Nous ne sommes guère plus satisfait par la *Galatée* de M. Perraud, membre de l'Institut. Nous connaissons cette œuvre de longue date pour l'avoir vue dans l'atelier de l'artiste, qui l'a particulièrement travaillée pendant plusieurs années. M. Perraud possède une habileté bien rare à notre époque. Ce qu'il taille, il le polit avec un art qui rappelle l'antique. L'élégance des formes ne lui est pas non plus étrangère; il excelle à faire des figures jeunes, alertes, vigoureuses et de bonnes dimensions. Que lui manque-t-il donc? La pensée, le sens juste de l'attitude et l'intelligence d'un sujet. Étudiez sa *Galatée* : vous retrouverez en elle les qualités d'exécution de son *Désespoir*, longtemps appelé par l'auteur *la Méditation*, puis le *Penseur*, avant de s'appeler enfin le *Désespoir*.

Galatée est debout, le corps rejeté en arrière, la tête tournée vers la droite, et d'un bras relevé, non sans quelque violence, elle maintient une draperie dont les plis tombants n'ont d'autre but que de donner à la figure un point d'appui. Tout d'abord, l'attitude est heurtée; on n'en comprend pas l'intention. De plus, la pose de la figure est plutôt virile que féminine, ce qui lui donne je ne sais quoi de choquant. Pour ce qui est de la pensée que fait naître naturellement le nom de Galatée, elle ne trouve aucune application possible dans ce beau marbre. Je n'ignore pas qu'on peut dire avec la Fable que Galatée détourna la tête à la vue de Pygmalion, son créateur;

mais, en vérité, Pygmalion n'avait pu donner une attitude aussi étrange à la statue qu'il venait de modeler, lorsque, surpris de son œuvre, il supplia Vénus de l'animer. La déesse y consentit, et l'artiste, au seul mouvement de tête de la figure sortie de ses mains, comprit qu'il n'en serait pas aimé. La Fable ne va pas au delà. M. Perraud devait garder la même réserve, il ne l'a pas su faire. Au lieu d'une figure au repos, dont la tête seule eût exprimé le dégoût ou l'ennui, il a cru bien faire en accentuant sa pensée par une pose hautaine et ridicule. Son œuvre ne sera pas comprise, et, par conséquent, l'enseignement qu'elle devrait porter sera nul.

M. Paul Dubois, qui a fait une bonne étude dans son *Ève naissante*, n'a pas su lui imprimer le sentiment poétique. Qu'il ouvre la Bible, Milton, Musset lui-même, il y verra que l'âge supposé de la première femme à sa naissance fut quinze ans...

> Quinze ans! — l'âge où la femme aux jours de sa naissance
> Sortit des mains de Dieu si blanche d'innocence,
> Si riche de beauté, que son père immortel
> De ses phalanges d'or en fit l'âge éternel!

Pourquoi donc M. Dubois a-t-il privé sa figure des grâces de la jeunesse?

C'est un groupe qui a de la valeur que celui de M. Martin, la *Chasse au nègre*. Il renferme de très-belles parties. Le *blood-hound* ou *limier au sang*, qui a terrassé l'homme et l'étrangle, est d'une grande énergie de mouvement. Le nègre n'est pas moins étudié, mais peut-être pourrait-on lui reprocher de se prêter un peu trop à l'étreinte de l'animal. Le sentiment de la conservation devrait imprimer à la tête de l'esclave un mouvement en arrière qu'elle n'a pas; les traits du visage demanderaient aussi une plus grande expression de souffrance. Malgré ces lacunes, le groupe de M. Martin ne laisse pas d'être un des meilleurs ouvrages du Salon.

Le *Damœtas*, de M. Faraill, traduit bien la pensée que Virgile éveille dans sa troisième églogue. Je retrouve dans cette figure élégante tous les caractères du berger des Bucoliques. La poitrine est jeune, les attaches délicates, les membres reposés, et la tête, légèrement relevée, cherche avec naturel un motif de chanson.

M. Croisy expose un projet de monument à élever dans les Ardennes aux victimes de la guerre. Il lui donne pour titre l'*Invasion*. C'est un groupe digne de beaucoup d'éloges. Les monceaux de morts et de blessés y sont ménagés avec une entente véritable, et le personnage principal est très-beau de geste et d'expression.

Le *Jeune berger pansant son chien blessé*, par M. Chenillon, rappelle quelque peu le *Berger* de Maindron. Dans les deux œuvres, la figure de l'animal est ce qu'il y a de plus remarquable.

Mais le chef-d'œuvre de délicatesse et de naturel, c'est la *Jeune fille à la fontaine*, par M. Schœnewerck. L'artiste n'a point décoré son œuvre d'un titre à effet, et de là, peut-être, une partie de son succès. La tête, les bras, la poitrine, tout est jeune et chaste dans ce corps. La pose est toute simple, et pourtant comme elle fait bien valoir la figure! Une jeune fille debout se penche pour puiser de l'eau dans une coquille. Un détail qu'il eût été possible d'atténuer, c'est la forme de la fontaine, trop semblable aux bornes de nos rues. Le fini de cette œuvre est si parfait, qu'on la voudrait à l'abri de toute remarque, jusque dans ses accessoires.

Un *Jeune Faune*, par Blanchard, *Triptolème enseignant l'agriculture*, par M. Fourquet, sont encore à signaler comme deux œuvres sérieuses. La *Libellule* de M. Moreau est une énigme. Le *Chevrier* de M. Maurette, au contraire, défend avec des mouvements très-justes son butin contre le chien qui veut le lui ravir. Que n'en peut-on dire autant du *Chevrier* de M. Perrey?

La statue de Ronsard, inaugurée à Vendôme le 23 juin 1872, est exposée par son auteur, M. Irvoy. C'est une œuvre digne de remarque. Le poëte est représenté récitant ses poésies. Le costume, très-étudié, est digne d'éloges, et la pose est vraie. Nous goûtons moins la tête laurée du poëte : il nous semble que le bronze est par lui-même une apothéose, et l'artiste n'a pas besoin de nous indiquer que le personnage ainsi placé est un héros. S'il n'était qu'un homme vulgaire, il ne serait pas honoré de la sorte. Le manteau flottant est du meilleur effet, les mains sont finement rendues, et le visage ouvert, intelligent, avec ses yeux profonds, dénote suffisamment au spectateur que le personnage qu'il a devant lui fut un roi de la pensée.

Un autre monument non moins remarquable est celui de l'amiral Tegetthoff, à Vienne. Le modèle en est exposé, très-réduit dans ses proportions, par MM. Gruyère et Pascal. Un vaisseau, qui n'est pas sans relation, quant aux ornements, avec le *Bucentaure,* sert de socle à la statue de l'amiral. Celui-ci, debout, à la place du grand mât, prêt à commander l'attaque, nous a paru être très-bien interprété. Le costume moderne de l'amiral, l'expression de ses traits, autant qu'on en peut juger d'après une miniature, concourent à l'effet général et font le plus grand honneur au statuaire. La part de l'architecte, qui est peut-être la plus considérable dans le monument, a été conçue d'après un plan à la fois très-pittoresque et très-ingénieux.

III

M. Falguière : *Danseuse Égyptienne.* — M. Allar : *Hécube et Polydore.* — M. Sanson : *Fronton du palais de justice d'Amiens.* — M. Gauthier : *Andromède.* — M. Oliva : *l'Abbé Deguerry.* — Calvi : *Il a soupé!*

La *Danseuse Égyptienne*, de M. Falguière, est certainement l'un des meilleurs ouvrages du Salon. La tête, jeune et sérieuse, contraste avec tous les visages de danseuses où le rire, que certains artistes croient un accompagnement obligatoire de la danse, est toujours voisin d'une grande prétention. Ici, pas de *mines*, aucune afféterie. La danse pudique et mesurée qu'exécute cette jeune fille est pour elle un art dont elle use avec goût, comme d'autres de la musique. C'est la danse classique, et l'Égyptienne de M. Falguière n'est pas sans parenté avec les jeunes Grecques des Panathénées. Elle en a conservé la grâce et le calme sous son costume plus compliqué que le costume antique. Tout le haut du corps est d'une rare élégance, et les plis flottants de sa jupe, pour avoir moins de sobriété que le corsage, sont encore très-remarquables par l'adresse de ciseau avec laquelle l'artiste les a fouillés. Le bras droit, ramené sur le bras gauche, se dégage très-naturellement et forme une silhouette du meilleur effet.

Un bas-relief de M. Allar, dont nous avons apprécié l'*Enfant des Abruzzes*, lui a été inspiré par Ovide; il s'intitule *Hécube et Polydore*, et mérite d'être signalé. C'est au livre XIII des *Métamorphoses* que l'artiste est allé puiser son sujet :

Priameia conjux
Adspicit electum Polydori in littore corpus;
Nunc positi spectat vultum, nunc vulnera nati,
Vulnera precipue...

La tête d'Hécube est fort belle, et le cadavre flexible de Polydore, qu'elle tient dans ses bras, offre un ensemble de lignes pleines d'harmonie; il n'y a pas jusqu'aux draperies qui forment le vêtement de la mère, et au corps nu du jeune homme dont le contraste heureux n'ajoute aux mérites de l'œuvre.

Le *Fronton du palais de justice* d'Amiens, par M. Sanson, n'est pas non plus sans valeur. Le personnage de la *Loi* occupe le centre. A sa gauche, la Justice vengeresse poursuit le meurtrier et veille sur un galérien; à droite, la Justice protectrice rassure une mère suppliante qui tient son enfant dans ses bras. Le geste de la Justice est naturel et d'une réelle beauté; une figure secondaire, placée à l'extrémité de droite, est très-vraie d'expression.

L'*Andromède* de M. Gauthier, debout, les bras liés au rocher, et faisant d'inutiles efforts pour se dégager de ses liens, est une œuvre bien comprise.

Une grande statue en marbre de l'abbé Deguerry, curé de la Madeleine, est exposée par M. Oliva. Le vénérable prêtre est à genoux; il a les mains croisées sur la poitrine. Cette statue se recommande par beaucoup de naturel et de simplicité; nous souhaiterions toutefois que la tête du martyr ne fût pas aussi jeune que l'a faite le sculpteur. M. Deguerry ayant conservé jusqu'à son dernier jour beaucoup d'expression dans les traits, il nous semble que l'artiste eût mieux fait de représenter le prêtre octogénaire que tout le monde a connu, et non pas ce prêtre de convention, vrai, peut-être, il y a quarante ans, mais qui ne nous parle pas.

Ce n'est pas sans hésitation que je me hasarde à dire un mot d'une statuette d'enfant exposée par M. Calvi. La figure est d'un modèle irréprochable, et la pose est des plus vraies. L'enfant sommeille, et ses petites mains retiennent une écuelle, ciselée comme une coupe, qui se trouve placée sur ses genoux. Jusqu'ici l'éloge seul a sa place; mais si j'ajoute que cette coupe est bien une écuelle dans la pensée de l'auteur, que l'enfant est incommodément étendu dans une chaise de paille à bras rectangulaires, sans aucun style, et qu'enfin le sculpteur n'a rien trouvé de mieux pour désigner son œuvre que d'inscrire au livret ce titre prosaïque et vulgaire : *Il a soupé!* j'aurai montré l'évidente intention, chez l'artiste, de faire de la sculpture de genre, alors que malgré lui et à son insu, par une adresse naturelle, il a fait une œuvre de style dans ses parties principales. Que l'on supprime la chaise en la remplaçant par un coussin, que le titre vulgaire et tout à fait digne d'une caricature soit changé, et voilà que l'auteur aura fait un petit chef-d'œuvre dans lequel la critique sera fière de pouvoir tout admirer sans restriction.

IV

M. Ferru et M. Boehm : *Gustave Ricard.* — M. Jullien : *Jussieu.* — M. Chapu : *Montalembert.* — M. Meunier : *Jouffroy.* — M. Adam Salomon : *Ferdinand de Lesseps.* — M. Felon : *Mortimer-Ternaux.* — M. Desprey : *Madame D...* — M. Godin : le *Général Raoult.* — M. Iselin : *Poisson.* — M. Denéchaux : *M. Massol.* — M. Carrier-Belleuse : *Madame V...* — M. Blanchard : *Mademoiselle G. F...* — M. Auvray : *Solon.* — M. Badiou de la Tronchère : *H. T...* — M. Carpeaux : *Madame Chardon-Lagache.* — M. Cavelier : *Duban.* M. Bogino : *Madame Jules Janin.*

Les bustes sont nombreux au Salon de cette année; mais nous ne parlerons que de quelques-uns, le reste étant peu digne d'intérêt.

L'éminent portraitiste Gustave Ricard, mort récemment, est représenté deux fois dans les galeries de sculpture. M. Ferru et M. Boehm ont étudié séparément et rendu, selon leur inspiration particulière, le type remarquable de cet artiste. Sous le ciseau du premier, Ricard a le front trop proéminent et trop étroit; la figure est large, pensive; mais l'œil, demi-fermé, manque de vie, et par suite la pensée manque d'intensité. De même, la poitrine est mal indiquée. M. Boehm, au contraire, a fait au peintre une tête vivante et expressive. Le front est légèrement chauve, le nez fin, les yeux largement creusés, les tempes saillantes et la barbe en éventail. Le buste de M. Boehm est de beaucoup supérieur à celui de M. Ferru. On sent que le statuaire s'est pénétré des qualités de son modèle et qu'il en a parlé avec son ciseau comme M. Autran avec sa plume, dans le sonnet devenu célèbre que tout le monde connaît et qui se termine ainsi :

O noble artiste aimé, dont nous creusons la tombe,
Je ne sais si Paris sent bien tout ce qui tombe
Dans cette froide terre où descend ton cercueil;

Mais j'affirme qu'aux jours de leurs gloires lointaines,
Venise en te perdant aurait porté le deuil,
Et que la muse antique eût pleuré dans Athènes!

Le buste de *Jussieu,* par M. Jullien, avec le front large, l'œil profond, les lèvres fermes, les sourcils et le nez résolus qui le caractérisent, est un portrait remarquable. Je lui préfère cependant, par certains côtés, le buste de *Montalembert,* par M. Chapu. Si la tête est un peu petite et pas assez puissante, en revanche, les lèvres sont énergiques, la tête est bien posée, légèrement portée en arrière, pendant que la poitrine se développe à l'aise. Au premier regard, on devine l'orateur, l'homme de lutte, et si l'on consulte le front pensif et sérieux du modèle, on se fait bientôt une juste idée de sa valeur morale. La vie du vaillant écrivain, du défenseur de toutes les saintes causes, se résume d'elle-même dans le marbre que nous offre de lui M. Chapu.

Le buste de *Jouffroy,* par M. Meunier, est empreint de beaucoup de calme en même temps que d'une certaine puissance. La tête de M. *Ferdinand de Lesseps,* sculptée par M. Adam Salomon, suppose chez le modèle une grande force de résolution, de l'activité et de la promptitude. Les cheveux courts et la figure rasée lui font l'allure d'un soldat. On ne peut que dire du bien du buste de *Mortimer-Ternaux,* par M. Felon. C'est un type plein de naturel et de bonté. Tous les muscles de la tête y sont très-étudiés en même temps que sobrement rendus. Le portrait de *Madame D...*, par M. Desprey, n'est pas moins vrai d'allure, et si le caractère fait défaut à la figure, la simplicité qu'elle respire rachète cette lacune.

Le *général Raoult*, par M. Godin, est magnifique de volonté sous des traits heurtés et sans harmonie. M. Iselin, dont la réputation de portraitiste n'est plus à faire, expose un excellent buste du baron *Poisson*. Le front saillant, l'expression résolue qu'il donne à la figure, la bienveillance des lèvres, la vie, le mouvement, le naturel qui s'échappent par tous les pores de cette tête humaine, si habilement fouillée, placent l'œuvre de M. Iselin au-dessus de toute critique. Je ne puis rien dire du portrait de *M. Massol* dans *Fernand Cortez*, par M. Denéchaux.

Le portrait de *Madame V...*, par M. Carrier-Belleuse, n'est que joli. Le front diminué, la bouche petite à l'exagération, la pose de la tête qui n'est pas exempte de manière, la profusion des dentelles, tout fait regretter dans cette œuvre que le statuaire, avec un magnifique talent d'exécution, n'ait pas su reproduire plus simplement la figure de son modèle.

Mademoiselle G. F..., par M. Blanchard, est une tête de jeune fille très-bien rendue. Le *Solon*, d'après le camée de Sancti Bartoli, par M. Auvray, est d'un fini qui fait honneur à l'artiste. Le jeune patricien que M. Badiou de la Tronchère n'a laissé désigner au livret que sous les initiales *H. T.*, est un type d'élégance et de distinction. Le buste de *Madame Chardon-Lagache*, par M. Carpeaux, mérite beaucoup d'éloges : le vêtement, la coiffure, et surtout l'habileté qui se révèle dans l'étude du front et des yeux, donnent à cette œuvre un caractère de simplicité digne, que M. Carpeaux ne sait pas toujours rencontrer.

C'est une tête hors ligne que le buste de *Duban*, par

M. Cavelier. Cette face inculte, aux cheveux longs, puissante, poétique par le regard, mais d'une poésie peu confiante, presque malheureuse; cette bouche large et bienveillante, ce front haut, sans rides, tout dans ce marbre vivant rappelle à ceux qui n'ont point connu l'éminent architecte de l'École des Beaux-Arts, du Louvre et du château de Blois, le beau portrait écrit que nous a donné de lui M. Beulé, dans l'éloge qu'il a lu en séance de l'Institut, au mois de novembre 1872. Dix œuvres du mérite de ce buste suffiraient à former un Salon.

Je ne veux pas terminer cette revue rapide des portraits sculptés que renferme notre exposition, sans parler du buste de *Madame Jules Janin,* par M. Bogino. Ce n'est point un portrait de convention, c'est une figure vraie, et, ce qui ajoute à son mérite, une figure toute contemporaine. Au premier regard, on devine l'épouse. Elle a les traits calmes et reposés, le regard intelligent, les lèvres fines mais tout empreintes de bonté. En un mot, l'expression générale de ce portrait, heureuse et discrète, fait songer au foyer. Assurément, le ciseau sympathique de M. Bogino ne pouvait se montrer mieux inspiré, et le buste qu'il expose sous nos yeux éveille naturellement dans la mémoire ces belles et chrétiennes paroles de M. Jules Janin, dans son discours de réception à l'Académie : « Pour exprimer toute ma pensée, une chose a manqué à M. Sainte-Beuve, l'exemple et le conseil de l'épouse. Il a dû se répéter souvent cette parole du Saint Livre : *Malheur à qui vit seul!* »

Ce buste nous a rappelé encore une autre parole du critique, lorsque, racontant avec les enchantements de son style cette même réception à l'Académie, il a soin de s'écrier : « Suprême joie, il advint que ma chère et vaillante femme, en présence de son père et de sa mère, les

dignes arbitres et les témoins bienfaisants de notre heureuse vie, eut sa part dans l'applaudissement unanime. »
Voilà tout ce que nous a rappelé l'œuvre exquise de M. Bogino, n'est-ce pas le meilleur éloge que nous en puissions écrire ?

V

Madame Franck : *Wiertz.* — Madame Nicolet : *Madame E. L...* — Mademoiselle Dubois-Davesnes : *Marivaux.* — Mademoiselle Dubray : *le général Renault.* — Madame Delphine de Cool : *la Nymphe Écho.* — Madame Bertaux : *Jeune fille au bain.*

Et maintenant je mets le pied sur un nouveau terrain. Je vais parler des femmes sculpteurs.

Vingt-deux femmes ont exposé des ouvrages de sculpture au Salon de 1873. Ce serait une chose étrange, si ce n'était surtout un signe rassurant. Rien n'est si loin de la futilité mondaine que l'art du statuaire. On pourra chercher longtemps une voie sérieuse, si de saines leçons n'ont pas précédé la mise au jour des premières œuvres; on pourra tâtonner, user ses jours dans la manière et l'afféterie avant de faire une œuvre de grand style, mais c'est déjà quelque chose, c'est beaucoup que des femmes d'éducation, de goût, de pensée consentent à revêtir la blouse du sculpteur, à manier l'ébauchoir, à pétrir la terre ou le plâtre, à tenir le maillet et le ciseau. La statuaire n'est point un travail de boudoir. Bon gré mal gré, le sculpteur veut l'atelier. Et c'est un signe consolant que la femme de nos jours s'y enferme sans répugnance.

L'historien d'Argenson, dans sa *Vie des fameux Sculpteurs*, raconte l'histoire de Propertia de Rossi, femme statuaire du quinzième siècle. « Une femme exerçant l'art de sculpteur, dit-il, est un phénomène : le marteau et le ciseau sont peu faits pour la main des Grâces. Propertia de Rossi sut manier l'un et l'autre. Née à Bologne, elle dédaigna dès sa jeunesse l'aiguille et le fuseau; le dessin fut sa principale étude. Elle le trouva néanmoins peu propre à transmettre son esprit à la postérité, ce qui lui fit naître l'idée de tailler des figures sur le bois et même sur des noyaux de pêches. On admira l'art avec lequel elle observait la justesse des proportions dans un aussi petit espace. La galerie du marquis Grassi à Bologne offrait onze de ces noyaux, représentant d'un côté les Apôtres et de l'autre plusieurs Saintes.

« Les premiers ouvrages publics de Propertia furent deux anges de marbre pour la façade de l'église de Saint-Pétrone. Ils eurent l'approbation des connaisseurs. Le buste du comte Guido, pour le comte Alexandre Pepoli son fils, ne fut pas moins estimé. L'artiste fut alors regardé comme le prodige de son sexe, et le sénat l'employa à quelques ouvrages dont la ville de Bologne se fait honneur. Les règles de l'architecture et de la perspective n'eurent pour elle rien de difficile; elle en fit même plusieurs dessins à la plume. La musique et la peinture trouvèrent aussi place parmi ses occupations, et elle peignit quelques sujets d'histoire qu'elle grava ensuite avec beaucoup de succès. »

Nous ne suivrons pas l'historien français dans plus de détails de la vie de Propertia de Rossi, dont la physionomie, très-oubliée de nos jours, a été l'objet d'une étude remarquable de la part de l'italien Vasari.

La majeure partie des ouvrages exposés par des femmes ne sont pas exempts de grands défauts, dont le plus ordinaire est la mièvrerie; mais, à côté d'œuvres défectueuses, le Salon en compte d'excellentes.

Le buste de *Wiertz* par madame Franck, le représente rêveur et presque distrait; la tête, belle dans son ensemble, n'est pas suffisamment énergique; le front sans arêtes, les pommettes trop rondes enlèvent du caractère à la physionomie. Ce n'est pas l'idée qui nous est donnée du peintre belge par ses œuvres peintes et ses œuvres écrites. Wiertz fut un penseur; la puissance de son génie le portait jusqu'à la violence et à l'étrangeté. Le buste de madame Franck ne nous révèle rien de ces aptitudes vigoureuses. De plus, considéré dans son harmonie générale, ce buste eût gagné à ne pas être pourvu de bras, d'une palette et de pinceaux qui jettent quelque confusion dans l'ensemble; les draperies ne sont pas non plus exemptes de reproche.

Madame Nicolet, dans le buste de *Madame E. L.*, n'a su faire qu'une tête étroite et longue, posée sur un cou démesuré, que des dentelles jetées à profusion contribuent encore à rendre plus lourd. Le *Marivaux* de mademoiselle Dubois-Davesnes a plus de caractère. Nous aimons ce ton hautain, presque fat, que lui a donné le statuaire; l'œil plein de mots est aussi l'une des parties de l'œuvre que l'auteur a le mieux rendues; la bouche seule est vulgaire sans aucune compensation. Mais le meilleur de tous parmi les bustes exécutés de main de femme, c'est assurément celui du général *Renault* par mademoiselle Dubray. La pose de la tête est vraie; les tempes fermes attestent la virilité; les pommettes saillantes donnent à l'ensemble des traits je ne sais quoi de résolu qui font de ce portrait une œuvre de style d'un goût très-convenable.

Je ne dirai qu'un mot de la *Nymphe Écho*, statue par madame Delphine de Cool. C'est une œuvre qui nous a paru manquer de caractère. Cette jeune fille qui frappe dans ses mains pour éveiller l'écho ne nous satisfait pas par la banalité du procédé. Gênée dans la pose, la statue de madame de Cool est surmontée d'une tête étroite et peu en harmonie avec le reste du corps. Nous lui préférons de beaucoup la *Jeune fille au bain* de madame Bertaux. C'est une œuvre étudiée et qui renferme des qualités exceptionnelles. La pose, il est vrai, n'a rien de bien nouveau, mais les jambes de la statue sont d'une fidélité remarquable au point de vue de la forme; le corps est jeune et dans une attitude générale qui n'exclut pas une certaine convenance. En un mot, c'est un bon travail qui se distingue des trop nombreux sujets de même catégorie; les redites sur les baigneuses n'ont pas trouvé de place sous le ciseau de madame Bertaux, et il faut l'en féliciter. L'auteur a donné pour épigraphe à son œuvre quelques vers du Victor Hugo mort il y a trente ans, de celui qui a signé *Sara la baigneuse* et écrit les *Feuilles d'automne;* du reste, il n'y a pas de déception chez le spectateur qui compare la *Jeune fille au bain* de madame Bertaux avec l'élégante *Orientale* où elle est allée puiser son inspiration :

Elle est là sous la feuillée,
Éveillée
Au moindre bruit de malheur;
Et rouge, pour une mouche
Qui la touche,
Comme une grenade en fleur.

VI

CONCLUSION

Je ferme ici les longues pages que j'ai voulu consacrer à la sculpture du Salon de 1873. Je l'ai fait sciemment, par calcul autant que par prédilection, me souvenant de ce mot trop vrai de M. Beulé : « Les modernes goûtent peu la sculpture, je dirai plus, ils ne l'aiment pas. »

Je ne reviendrai pas sur les pensées qui font l'objet de mon introduction. Toutefois, sans reprendre la comparaison de deux arts qui doivent être unis et non rivaux, sans chercher à établir de nouveau l'excellence de la sculpture, je ne puis m'empêcher de résumer en un mot ce livre fait d'espérance et de sincérité.

Je dirai donc, en terminant, à ceux qui se préoccupent encore d'éducation, et qui croient que le beau n'est pas incapable d'exercer de notre temps une influence heureuse sur l'esprit de l'homme : De tous les arts, la sculpture est celui qui s'impose le plus naturellement à l'intelligence humaine, parce qu'il repose sur la forme qui est immuable.

Les couleurs du visage sont passagères, sa forme ne l'est pas.

Tels que Dieu nous a pétris à l'origine sous le ciel clément de l'Éden, tels nous sommes restés malgré les âges et les latitudes meurtrières où les hommes ont cherché leur gîte.

La peinture a des secrets pour tous les esprits; elle est l'art des surprises et des étonnements divins.

La statuaire se contente d'être vraie.

La forme, parfaite, idéalisée, je dirais volontiers la forme *retrouvée,* voulant montrer par là que le but du statuaire doit être de reproduire le premier homme, l'Adam modelé par Dieu, dans sa splendeur et son harmonie des jours de la Création, voilà donc ce que poursuit le statuaire à travers l'histoire, à travers les élévations et les abaissements de toutes sortes, les vicissitudes de la fortune et de la misère. Or, cette étude constante de l'homme, et de l'homme seul, sous le vêtement du pâtre ou du soldat comme dans le nu d'où la pudeur n'est pas absente, fait de la sculpture l'art le plus proche de nos sens et de notre esprit, parce qu'il est le plus simplement vrai.

C'est par un oubli contre lequel il importe de réagir, que l'homme des temps modernes s'est éloigné de la sculpture, et c'est elle que nous voulons défendre, afin de rester fidèle à notre principe.

Nous voudrions lui gagner la foule avec cette puissance d'attraction qu'elle exerce sur nous-même, et il nous semblerait que, remportant cette victoire, nous aurions fait quelque bien, parce que l'art du statuaire, plus sobre que celui du peintre, est encore aujourd'hui — le Salon de 1873 en est une preuve, — le plus aisé à ramener dans de saines limites; il est le plus sérieux dans ses productions, et les éléments, je dis mieux, les ferments d'éducation qu'il porte avec lui sont plus puissants qu'on ne le suppose généralement.

Quand le public, sans rien perdre de son goût pour le Genre, les Batailles ou le Portrait, aura reporté une part de ses prédilections sur les œuvres de la sculpture, nul doute que les statuaires ne se sentent pris d'une émulation plus grande et ne parviennent à élever sensiblement le niveau de leurs œuvres, déjà supérieures, quoi qu'on en pense, à la majeure partie des œuvres peintes.

Ce sont ces pensées qui nous ont fait limiter la critique du Salon de 1873 à l'étude des œuvres sculptées.

« Après avoir écrit vingt feuilletons sur la peinture, après avoir épuisé toute la liste des peintres et décrit la mouche sur une toile d'araignée, les critiques, de guerre lasse, arrivent aux sculpteurs. La plupart en parlent peu, vite et mal, le plus spirituellement du monde, il est vrai... On sent, à chaque ligne, que la sculpture les ennuie, qu'ils en traitent par convenance, qu'ils fardent leur froideur de termes techniques dérobés aux ateliers, et qu'ils n'ont point d'entrailles pour leur sujet[1]. »

Nous n'avons pas voulu que ces reproches pussent jamais s'appliquer à nous, parce que nous aimons la sculpture et que nous avons foi en elle. Puisse-t-il nous être donné de lui rendre un jour en popularité, par notre plume, les joies pures et profondes que faisait descendre en nous, quand nous avions vingt ans, la douce contemplation du *Calvaire*, de David d'Angers, ou l'enivrante vision de sa *Jeune Grecque au tombeau de Marco Botzaris !*

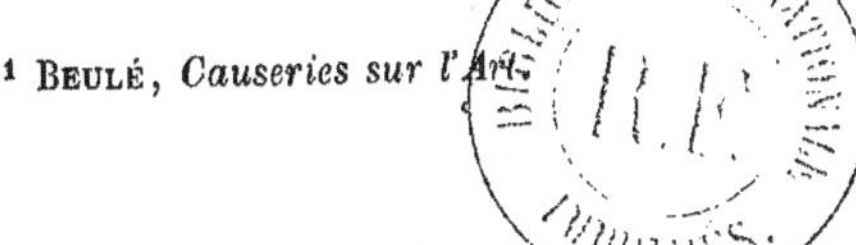

[1] BEULÉ, *Causeries sur l'Art.*

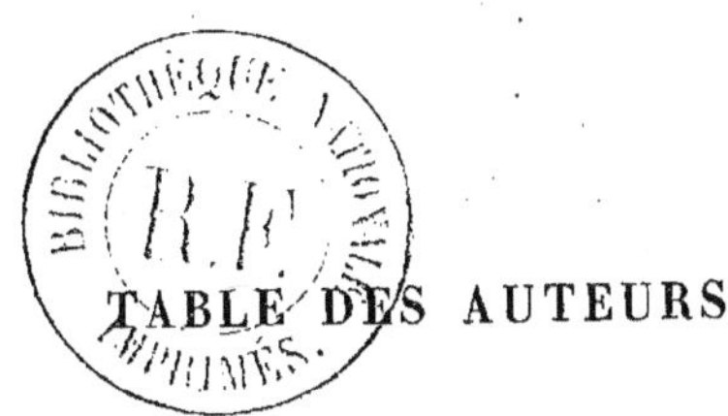

TABLE DES AUTEURS

ADAM SALOMON. — *Ferdinand de Lesseps.* 49
ALLAR (André). — *Enfant des Abruzzes.* 38
— *Hécube et Polydore.* 45
AUVRAY. — *Solon.* 50
BADIOU DE LA TRONCHÈRE. — *M. H. T***.* 50
BARRIAS. — *La Religion.* 39
BARTHOLDI. — *Les loisirs de la paix.* 39
— *Lafayette.* 40
BAUJAULT. — *Le premier miroir* 36
BERTAUX (madame). — *Jeune fille au bain.* 55
BLANCHARD. — *Jeune Faune.* 43
— *Mademoiselle G. F***.* 50
BOEHM. — *Gustave Ricard.* 48
BOGINO. — *Madame Jules Janin.* 51
BOISSEAU. — *L'Adolescence.* 36
BONHEUR (Isidore). — *Pepin le Bref dans l'arène.* 33
CAÏN. — *Famille de Tigres.* 34
CALVI. — *Il a soupé.* 46
CAPTIER. — *Hébé.* — *Judith.* 35
CARPEAUX. — *Madame Chardon-Lagache.* 50
CARRIER-BELLEUSE. — *Madame V**** 50
CAVELIER. — *Duban.* 50
CHAPU. — *Montalembert.* 49
CHATROUSSE. — *Dernier adieu d'Héloïse et d'Abélard.* 35
CHENILLON. — *Jeune berger pansant son chien blessé.* 43
COOL (madame Delphine de). — *La Nymphe Écho.* 55
CRAUK. — *L'Intendant d'Étigny.* 39
CROISY. — *L'Invasion.* 43
DENÉCHAUX. — *M. Massol.* 50
DESPREY. — *Madame D**** 50
DOUBLEMARD. — *Le maréchal Moncey défendant la ville de Paris.* . . 34
DUBOIS (Paul). — *Ève naissante.* 42
DUBOIS DAVESNES (mademoiselle). — *Marivaux.* 55
DUBRAY (mademoiselle). — *Le général Renault.* 55

FALGUIÈRE. — *Danseuse Égyptienne* 45
FARAILL. — *Damoetas* 43
FELON. — *Mortimer-Ternaux* 49
FERRU. — *Gustave Ricard* 48
FOURQUET. — *Triptolème enseignant l'agriculture* 43
FRANCESCHI. — *Le Réveil* 40
FRANCK (madame). — *Wiertz* 54
GAUTHIER. — *Andromède* 46
GIRARD. — *Chasseur* 39
GODIN. — *Le général Raoult* 50
GRÉGOIRE. — *Oreste* 34
GRUYÈRE. — *Monument de l'amiral Tegetthoff* 44
GUILLAUME. — *Source de Poésie* 36
ISELIN. — *Le baron Poisson* 50
IRVOY. — *Ronsard* 44
JULLIEN. — *Jussieu* 49
MARTIN. — *Chasse au Nègre* 42
MAURETTE. — *Chevrier* 44
MEUNIER. — *Jouffroy* 49
MOREAU. — *Libellule* 44
NICOLET (madame). — *Madame E. L****. 55
OLIVA. — *L'abbé Deguerry* 46
PASCAL. — *Monument de l'amiral Tegetthoff* 44
PERRAUD. — *Galatée* 41
PERREY. — *Chevrier* 44
PILET. — *Une Esclave pendant la vente* 34
POWER. — *Le Patriotisme* 34
PROUHA. — *Suzanne* 35
RAMUS. — *Faucheur au repos* 33
SAINT-JEAN. — *L'Amour et Psyché* 35
SANSON. — *Fronton du palais de justice d'Amiens* 46
SCHOENEWERCK. — *Jeune fille à la fontaine* 43
VALETTE. — *La Garde mobile* 34

3

www.ingramcontent.com/pod-product-compliance
Lightning Source LLC
LaVergne TN
LVHW010621110826
845149LV00003B/999

* 9 7 8 2 0 1 9 5 3 1 1 6 4 *